DE
L'ENSEIGNEMENT OBLIGATOIRE

MÉMOIRE
PRÉSENTÉ A L'EMPEREUR

PAR

EUGÈNE RENDU

> « Je veux conquérir à la religion, à
> la morale, à l'aisance, cette partie encore
> si nombreuse de la population qui, au
> milieu d'un pays de foi et de croyance,
> connaît à peine les préceptes du Christ. »
> *(Discours de Bordeaux.)*

PARIS

LIBRAIRIE DE L. HACHETTE ET Cⁱᵉ

RUE PIERRE-SARRAZIN, 14

(près de l'École de Médecine)

1853

DE

L'ENSEIGNEMENT OBLIGATOIRE

MÉMOIRE

PRÉSENTÉ A L'EMPEREUR

DE

L'ENSEIGNEMENT OBLIGATOIRE

MÉMOIRE

PRÉSENTÉ A L'EMPEREUR

PAR

EUGÈNE RENDU

> « Je veux conquérir à la religion, à
> la morale, à l'aisance, cette partie encore
> si nombreuse de la population qui, au
> milieu d'un pays de foi et de croyance,
> connaît à peine les préceptes du Christ. »
> (*Discours de Bordeaux.*)

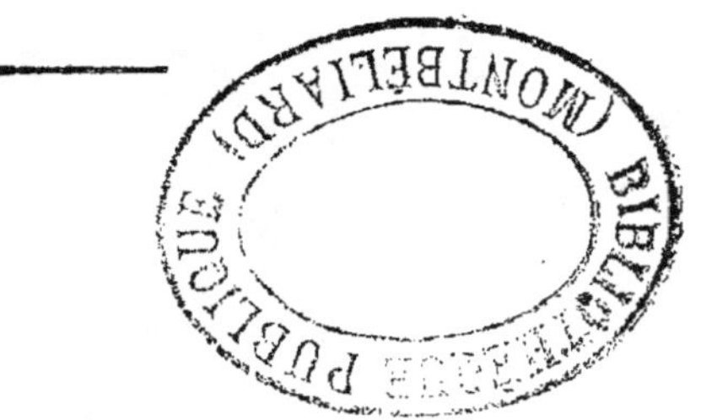

PARIS

LIBRAIRIE DE L. HACHETTE ET Cie

RUE PIERRE-SARRAZIN, 14

(Près de l'École de Médecine)

1853

On ne traite pas ici la question de l'enseignement obligatoire au point de vue de l'exécution. C'est ailleurs qu'on se propose d'entrer dans la discussion technique et dans les détails de la mise en œuvre.

On n'a présentement qu'un dessein : indiquer un problème.

On n'a poursuivi qu'un but : revendiquer au profit des intérêts conservateurs le principe dont un malentendu a fait une arme de guerre.

On n'ignore pas qu'on vient heurter de front une opinion qui semblait avoir force de chose jugée. Mais en 1850, lors de la discussion de la loi du 15 mars, ce n'est pas la cause qui a été condamnée, ce sont les avocats.

La sentence ayant été rendue sans que la cause ait été instruite, il y a lieu, on ose le croire, de reviser le procès.

PRÉFACE.

I

Le mémoire qu'on va lire a été soumis à l'Empereur.

Tombé dans l'arène de la polémique, ce mémoire a subi l'épreuve d'une ardente controverse.

Si, en dehors même de la presse, l'idée dont il est le développement a provoqué des adhésions d'une haute valeur, cette idée, en même temps, a soulevé des colères.

Nous nous y étions attendu.

La raison ne revendique pas impunément ses droits là où règne le parti pris[1]; et l'on ne touche pas sans péril à une question que la politique, en des jours orageux, avait choisie pour champ de bataille.

----

(1) Le journal *l'Assemblée nationale* disait dans un article du 9 janvier : « Nous nous sommes bien mal expliqué, puisque M. Eugène Rendu a pu nous croire impartial dans cette question. Nous avons un parti pris. »

II

Ce n'est pas l'intérêt intellectuel, c'est l'intérêt moral qui domine avant tout le problème. Il ne s'agit pas de décider simplement si de jeunes enfants devront, de par la loi, savoir lire et écrire. Des peuples ont vécu sans cette science! La question est plus haute. Les faits la posent chaque jour sous nos yeux; elle est celle-ci : Une partie de la génération qui s'élève ne trouve plus au foyer domestique le dépôt des vérités morales et religieuses. Dans un nombre considérable de familles appartenant aux classes souffrantes, la tradition chrétienne, par là même la tradition sociale, est brisée. Qui renouera cette tradition?

— L'Église, dit-on, et la Famille. — Plût à Dieu que l'Église étendît, sur cette partie des populations dont on parle, sa puissante influence; que cette influence fût invoquée partout, ou du moins partout acceptée! Plût à Dieu que la Famille fût universellement ce qu'elle doit être, c'est-à-dire le sanctuaire où se conservent, avec les vérités morales, les mœurs pures qui font les peuples forts! Mais, ne le voit-on pas? le problème étant formulé dans les termes que nous dictent les faits, répondre directement par l'Église et par la Famille, c'est répondre par la question.

Sans doute les vivantes leçons de la Famille et les préceptes de la religion sont le nerf de l'éducation. Sans doute il faut poser la loi chrétienne, dans l'en-

seignement, comme point de départ et comme but.
Qui le conteste? Mais dans les centres manufacturiers,
mais dans ces villages trop nombreux où la foi religieuse est sans vie, comment en ranimer les germes
dans le cœur d'une génération qui échappe à ses en-
seignements? En d'autres termes, dans ces communes
où un matérialisme théorique et pratique a chassé la
population de l'église ou du temple, quels moyens
d'action mettrez-vous aux mains du curé ou du pasteur? — Et si trop souvent la Famille elle-même
n'est pas demeurée intacte; si trop souvent, par le
renversement des lois providentielles, l'instrument
de vie est devenu instrument de mort, invoquerez-
vous cette même influence qu'il s'agit de suppléer,
qu'il s'agit même de combattre?

Voilà des considérations que, sous peine de se placer en dehors des faits et de discuter dans le vide, il
est impossible de méconnaître. Eh bien, là où l'indifférence et un brutal mépris élèvent comme un
rempart entre l'âme de l'enfant et la main de l'Église;
là où la vie morale s'éteint dans une atmosphère
viciée, quelle ressource pourront invoquer encore et
la religion et la société? sur quel terrain engager un
dernier combat contre la corruption de l'esprit et du
cœur? A notre humble avis, il n'en reste qu'un, un
seul; et ce terrain, c'est l'École.

Et maintenant, qu'est-ce que l'École? L'*École* n'est
pas seulement à nos yeux, est-il besoin de le dire?
cette salle garnie de bancs et de tableaux, où de jeunes
drôles, sous la férule d'un maître, viennent s'initier

tant bien que mal à la science du *deux et deux font quatre*. Non ; l'École a pour nous une destination plus sérieuse. Elle se propose, avant tout, de rendre quelque dignité aux âmes des pauvres êtres qui lui sont confiés, de purifier leurs sentiments, en jetant, comme des éclairs dans la nuit de leur intelligence, les vérités qui font du christianisme le fondement de l'ordre social. Elle est le lieu où la loi morale, à la lumière de leçons quotidiennes, et sous l'autorité de la tradition religieuse, se manifeste à l'enfant. Elle est cela, sous peine de cesser d'être elle-même.

Supprimez l'École, ou, ce qui revient au même, laissez-la supprimer par la cupidité d'un maître ou l'insouciance d'une famille : on ne supprimera pas l'enseignement de la place publique, de l'atelier, du cabaret. Que gagnera la société à laisser un tel enseignement sans rival, et son abdication sera-t-elle une sauvegarde ?

III

Dans les deux hypothèses où nous nous sommes placé, — et quiconque refuse de s'y placer avec nous ne tient pas compte de la réalité, — si la loi morale ne peut, du moins au sein de l'École, fai reentendre sa voix, entre la société et une partie de ses membres toute communication est rompue. Il reste à faire des vœux pour que le divorce dont on accepte la responsabilité ne produise pas ses conséquences naturelles. Mais je crains que le maître d'École n'ait alors un remplaçant, le sergent de ville; et l'École une succursale, la prison.

Ainsi l'École ne passe ni avant l'Église ni avant la Famille, tant s'en faut! Dans une certaine mesure, elle est un instrument pour la première, un point d'appui pour la seconde. Elle n'a de valeur qu'autant que l'idée chrétienne non-seulement y pénètre, mais y règne. Elle méconnaît son rôle, si elle n'est pas le trait d'union entre la société laïque et la société religieuse; si, loin de tenir lieu de l'Église, elle n'en devient pas le vestibule. Et c'est précisément parce que tel est le rôle de l'École, que l'obligation de fréquenter l'École nous paraît, non pas certes un moyen de transformer subitement le monde, mais simplement un remède, remède dont nul n'a intérêt, après tout, à contester la puissance.

Quand le pontife illustre qui préside aux destinées religieuses de la capitale de la France visite, dans les quartiers populeux, les écoles que créa sa charité, c'est au nom des intérêts éternels, comme au nom du salut social, que sa voix y convoque une population délaissée : l'École, qui est remède lorsqu'elle est facultative, deviendra-t-elle poison parce qu'elle sera obligatoire?

IV

Que les adversaires *à priori* de l'enseignement obligatoire se donnent la peine d'y regarder de près : moins de théories, plus de faits; point de phrases, mais des chiffres.

Le nombre des enfants de six à treize ans, des enfants par conséquent qui appartiennent à l'instruction primaire, s'élève, pour toute la France, à environ 5,300,000[1]. Le chiffre des élèves présents dans les écoles est officiellement de 3,335,639. Différence : 1,964,361.

Je le reconnais, ces deux millions d'enfants, deux cinquièmes de la totalité, ne demeurent pas étrangers à tout enseignement. Pour fixer l'exact contingent des écoles primaires, il convient de rétrécir le cercle des années dans lesquelles peut être dispensée l'instruction. Eh bien, au lieu d'adopter comme point de départ la sixième année, prenons l'âge de huit ans. Nous avons encore un total d'au moins 4,000,000. Différence entre ce chiffre et la population des écoles : 664,361.

Sur ce nombre, mettons de côté les enfants de familles riches ou aisées, reçevant l'éducation dans la maison paternelle ; restent 500,000 individus, en minimum, qui échappent à toute instruction[2].

Je veux, par un exemple, rendre immédiatement saisissable le résultat qui vient d'être signalé. Le département de l'Aisne est au nombre de ceux qui fournissent, eu égard à la population, le plus d'élèves aux écoles. Or, sur 83,000 enfants devant y recevoir l'enseignement primaire, défalcation faite de ceux que leurs familles destinent aux établissements secondaires, sait-on combien restent étrangers à toute in-

---

(1) Nous modifions en raison de l'augmentation de la population le chiffre donné par l'administration en 1843.

(2) Voir, à l'*Appendice*, la note A.

struction? 17,000. Dans le seul arrondissement de Saint-Quentin, de 19,180 enfants en âge de fréquenter les écoles, 7,580 n'y mettent jamais les pieds.

Qu'on poursuive cette expérience dans certains départements classés, comme le département de l'Aisne, parmi les plus favorisés sous le rapport du développement de l'instruction primaire, dans la Côte-d'Or, dans la Lozère, dans la Haute-Saône, dans la Seine-Inférieure, etc. : on constatera des résultats analogues. Que sera-ce dans les départements tels que l'Allier, l'Indre, la Haute-Vienne, la Corrèze, l'Indre-et-Loire, etc. ?

Quand donc je pose le chiffre de 500,000 comme chiffre des enfants privés en France du bienfait de l'instruction élémentaire, je suis plutôt en deçà que je ne vais au delà de a vérité.

Certes un tel chiffre est considérable ; et pourtant, qu'on ne s'y trompe pas, il n'est point encore l'expression exacte de l'état des choses.

En dépit d'une statistique où pourrait se complaire l'amour-propre administratif, mettons le doigt sur la plaie. Point d'illusions! Du nombre total des enfants qui fréquentent les écoles en France, le onzième environ ne reçoit qu'une éducation nominale; le onzième n'appartient aux écoles que sur le papier. On a fait *son temps* lorsque, dans une période de quatre et cinq années, on a passé sur les bancs les cinq ou six mois absolument nécessaires pour la préparation à la première communion. Un tel acte n'est plus, en ces conditions, que l'accomplissement d'une formalité dont on se débarrasse, bien loin de poser les bases de la vie religieuse et morale.

Ces cinq ou six mois d'École ne laissent aucune trace, on le comprend[1]. Ils sont, à l'esprit et à l'âme de l'enfant, ce que serait une goutte d'eau à un champ desséché.

En dernier résultat, 800,000 enfants au moins, de huit à treize ans, grandissent en France, à l'heure qu'il est, sans qu'un lien intellectuel les rattache à la vie traditionnelle de la société. Voilà les faits !

« Que la loi nous donne un moyen comminatoire pour triompher de l'incurie ou de la cupidité, pour peupler l'École et surtout la rendre efficace par une fréquentation assidue[2]; » telle est l'invariable conclusion que nous avons cent fois recueillie de la bouche de curés et de maires, c'est-à-dire d'hommes qui chaque jour luttent corps à corps avec les faits, et qu'une expérience pratique affranchit des entraves de la routine comme de la tyrannie du lieu commun.

L'obligation légale de l'enseignement est une des armes de la civilisation chrétienne contre une barbarie nouvelle. La société saura-t-elle se saisir de cette arme ?

V

Prenez-garde ! nous dit-on : cette arme est périlleuse. On cherche à donner à la question de l'obligation

(1) En Autriche et dans les provinces catholiques rhénanes, comme dans la Prusse protestante, l'obligation, on le verra, porte sur une période de temps déterminée. C'est là, pour l'enseignement moral de l'École, une condition *sine quâ non* d'efficacité.

(2) Lisez, à ce point de vue, l'instruction du ministère prussien (18 mars 1845) à l'*Appendice*, note D, et le règlement du Grand-Duché de Bade, note F.

légale une origine révolutionnaire. On lui forge des
précédents. On cite le *plan* d'éducation de Michel
Lepelletier ; on exhume la loi du 29 frimaire an II, la
loi du 17 brumaire, la Convention, le Directoire.
Mais, en vérité, quelle analogie possible entre ces
souvenirs de nos plus mauvais jours et la législation
dont nous sommes le défenseur? Quoi ! ces théories
qui outragent les droits les plus sacrés de la conscience, on affecte de les confondre avec un système
dont l'application régulière est consacrée par un siècle
d'expérience dans tous les États de l'Allemagne, États
catholiques ou États protestants, en Autriche comme
en Prusse, en Bavière comme en Saxe !

Ces doctrines insensées qu'on évoque se résument
en un mot : éducation de *tous les enfants en commun*.
C'est le procédé spartiate. « Les enfants, s'était écrié
Danton, appartiennent à la république avant d'appar-
tenir à leurs parents. » Sur quoi, la Convention avait
décrété les *maisons de l'égalité*. Un seul maître, le maître d'école de la *section;* une seule école, l'école *nationale;* un seul enseignement, la *morale républicaine;*
une seule volonté, une seule raison, une seule conscience ; la conscience, la raison, la volonté d'un
despote qui est l'État : voilà le système !

Quel rapport entre ces inventions païennes et un
principe qui n'appartient pas plus aux montagnards
de 1848 qu'aux montagnards de 1793; qui, sous la
haute approbation des évêques, avec la participation
de l'autorité ecclésiastique à tous les degrés de la
hiérarchie, a pris partout possession des faits au delà

du Rhin? Liberté pour le père de famille de donner l'éducation à son fils comme il veut, où il veut : catholique, il en fait un catholique, protestant un protestant, juif un juif. Que le père lui-même donne l'éducation dans la famille, qu'il confie son fils à l'école publique, à l'école des *frères* ou à l'école laïque, qu'il choisisse l'école privée, il n'est pas seulement indépendant, mais souverain dans l'accomplissement d'une mission qu'il tient non de la loi, mais de Dieu ; *dans l'accomplissement* de cette mission, il ne reconnaît et l'État lui-même ne lui reconnaît qu'un juge, sa conscience.

Mais que le père déserte son rôle naturel, qu'il dédaigne la pratique de ses premiers devoirs, la société, par l'organe de ses représentants, intervient pour sauvegarder, dans l'âme de l'enfant, les conditions de la vie morale. La société, qu'on y songe, agit alors au nom d'un double droit : au nom du droit du faible qu'elle prend sous sa tutelle ; au nom de son propre droit, car il s'agit de l'un de ses membres. Où est l'oppression, où l'abus de la force? et cette intervention de la puissance publique n'est-elle pas le plus éclatant hommage qui puisse être rendu, dans une société chrétienne, à la dignité de l'âme humaine?

VI

Ainsi : intervention de l'État à défaut de la Famille, voilà le sens de ces mots, *obligation légale de l'enseigne-*

ment; voilà notre pensée, dans sa modération, par conséquent dans sa force.

Qu'on n'affecte plus de trembler devant le prétendu fantôme de l'État ! Pour nous pas plus que pour vous, l'État n'a le droit de s'emparer de la jeunesse afin de la jeter dans son creuset, et, selon un mot célèbre, de « la frapper à son effigie. » L'État n'est pas un despote qui commande dans son intérêt égoïste, mais la société elle-même parlant dans l'intérêt de tous. Il n'est pas le moule de la société, il en est la représentation.

Il faut en prendre son parti : cette obligation légale n'a quoi que ce soit de commun avec les détestables folies qu'une appréciation superficielle invoquait comme des précédents. Les précédents, les seuls, sont les prescriptions de l'évêque de Münster, que nous citons dans le Mémoire, les articles de la loi prussienne, articles exécutés à l'heure qu'il est, sous la sanction commune de l'Église et de l'État, dans les diocèses de Cologne, de Breslau, etc., les articles du code autrichien. Les précédents sont là et non ailleurs.

Il est loisible maintenant de nous jeter à la tête, à défaut d'arguments, les discussions fiévreuses de la loi du 15 mars 1850. Oui, l'esprit de parti a voulu s'emparer de la question ; oui, l'esprit de parti l'a compromise ; oui, il y a peut-être quelque courage à entreprendre de dégager une telle question des nuages que l'ignorance et la passion accumulèrent autour d'elle. Mais d'autres questions encore avaient été compromises. Le bon sens public les a réhabilitées pour les résoudre.

Les devoirs de la mission dont nous étions chargé il y a quelques mois, nous avaient conduit dans la capitale de la Silésie. Un éminent prélat, un homme dont la religion et la science pleurent aujourd'hui la perte, le prince-évêque de Breslau, nous fit l'honneur de nous communiquer les lumières de sa haute raison sur différentes questions d'instruction publique. Il vint à parler de la France : « Ce qui m'a charmé, nous dit avec une courtoise ironie le cardinal de Diepenbrock, c'est que, lors de la discussion de votre loi de 1850, les orateurs de l'Assemblée française *inventèrent* de très bonne foi le principe de l'obligation de l'enseignement. Partisans ou adversaires, pour les uns comme pour les autres, c'était une *découverte*. Vous autres Français, un de ces jours vous découvrirez l'Amérique! »

Et comme je demandais au cardinal si, dans sa pensée, la diffusion de l'instruction au sein des masses devait créer un péril pour la société : « Jamais, reprit-il, si l'instruction reçoit de l'idée religieuse sa direction et son but. D'ailleurs il ne s'agit plus de discuter la question. Elle est posée. Sous peine de mort, la société doit la résoudre. Quand le wagon est lancé sur les rails, que reste-t-il à faire? A le diriger. Or, en ce qui concerne l'instruction des masses populaires, pour un très grand nombre, *on ne la dirige qu'à la condition de l'imposer.* »

MÉMOIRE

PRÉSENTÉ A L'EMPEREUR

SIRE,

Votre Majesté a dit à la France et au monde :

« Je veux conquérir à la religion, à la morale, à l'ai-
« sance, cette partie encore si nombreuse de la popula-
« tion qui, au milieu d'un pays de foi et de croyance, con-
« naît à peine les préceptes du Christ [1]. »

J'ose vous proposer, Sire, une application de ces grandes
paroles. Je me permets d'attirer vos regards sur une question d'éducation populaire, sur une de ces questions qui
élèvent l'*instruction primaire* à la hauteur d'un intérêt
social.

L'instruction primaire est le plus fort et le plus universel instrument de ces *conquêtes* que Votre Majesté médite
et que la France attend. Instrument de conquête pour « la
religion et la morale ; » car l'instruction primaire ne con-
siste pas simplement dans les notions mécaniques de la
lecture et de l'*écriture ;* elle a pour objet l'*éducation :* elle
est l'ensemble des vérités morales et religieuses qui, en

_____

(1) Discours de Bordeaux.

constituant la vie intime de l'*individu,* perpétuent la vie traditionnelle des *peuples.* Instrument de conquête pour « l'aisance » des masses ; car, en règle générale, toute misère physique chez les individus, comme toute décadence politique chez un peuple, a sa source dans une infirmité morale. Les phénomènes économiques ont avant tout leur explication dans une cause d'ordre supérieur : chez les *lazzaroni* du *Largo del Castello,* comme chez les *trampers* de *S.-Giles* et de *White Chapel* ou les aventuriers de nos grands centres industriels, la misère morale flétrit l'âme avant que la misère physique ne tue le corps.

Peut-être donc semblerait-il à Votre Majesté digne de sa haute sagesse de donner à cet instrument toute sa puissance, en y venant mettre la main. Votre Majesté y mettra la main, si elle ne souffre plus qu'*une partie encore si nombreuse* des générations qui s'élèvent continue à grandir au milieu de nos villes, et surtout dans nos centres manufacturiers, en dehors de ces lois traditionnelles qui rattachent l'avenir au présent ; si elle ne souffre plus que des âmes qui appartiennent à Dieu restent forcément impies « dans un pays de foi et de croyance ; » que des intelligences qui appartiennent à la société demeurent sauvages au sein de la civilisation ; que des forces qui doivent servir l'État deviennent le jouet de passions ennemies ; si elle arrache tant de pauvres êtres au crime, en les enlevant, au profit de l'École, à l'indifférence qui les abandonne, ou à la cupidité qui les exploite ; si elle inscrit, en un mot, dans la législation française *l'obligation légale de l'enseignement.*

Non pas que l'*instruction* soit, par elle seule, cause et

signe de moralité. Ainsi que la liberté même, l'instruction est une puissance ; et, comme toute puissance humaine, elle est puissance pour le mal en même temps que puissance pour le bien. Doublant les facultés de celui qui la possède, elle en fait un être d'un ordre plus élevé, elle n'en fait pas nécessairement un être *vertueux*. Mais, dans le sens où je l'ai définie, l'instruction primaire n'est pas à elle-même son propre but, elle est l'instrument d'une pensée supérieure ; elle part de la loi morale et elle y conduit [1].

Chaque jour, dans mes fonctions d'inspecteur de l'instruction publique, je vois la question grandir en France ; et cette question, ce n'est pas l'esprit de système qui la pose, ce sont les faits.

J'ai pu constater en Angleterre les effets extrêmes d'une solution négative [2]. Je viens d'étudier sur le sol des divers pays de l'Allemagne, États catholiques ou États protestants, le principe, les moyens d'application et les résultats de la solution contraire. C'est sur ce principe et ces résultats que je voudrais, Sire, attirer l'attention de Votre Majesté.

(1) Voir la note B à l'*Appendice*.
(2) *De l'instruction primaire à Londres, dans ses rapports avec l'état social.*

PRÉLIMINAIRES DE LA QUESTION [1].

On a dit que l'Empereur Napoléon Iᵉʳ avait systématique-
ment négligé les intérêts de l'éducation populaire. La
pensée de l'Empereur à ce sujet, la voici :

« Il n'y a que ceux qui veulent tromper le peuple qui
« peuvent vouloir le retenir dans l'ignorance. S'il peut
« arriver jamais que les lumières soient nuisibles dans la
« multitude, ce ne sera que quand le gouvernement, en
« hostilité avec l'intérêt du peuple, l'acculera dans une
« position forcée, ou réduira la dernière classe à mourir
« de misère ; car alors il se trouvera plus d'esprit pour se
« défendre. » (*Mémorial.*)

Les faits répondent à la pensée : un décret impérial du
17 octobre 1810 chargea un savant illustre, Cuvier, d'aller étudier en Allemagne et en Hollande les établissements
d'instruction publique, avec mission spéciale de *prendre
de l'instruction primaire* en ces pays *une connaissance
détaillée.* (*Rapport* de M. Cuvier, p. 3.)

Les événements militaires détournent pour un instant
les regards de l'Empereur des plans que mûrissait son
génie ; mais plus tard, au milieu même des préoccupa-

(1) Voir la note C à l'*Appendice.*

tions les plus hautes, et déjà presque au bruit du canon de Ligny, le problème de l'éducation primaire revient solliciter la pensée du grand homme. De toute part le présent l'assiége, et pourtant il a les yeux sur l'avenir moral du peuple. Le 27 avril 1815, l'Empereur signe un décret qui ordonne la création d'une école modèle destinée à devenir une pépinière d'instituteurs[1], et il se fait présenter par le ministre de l'intérieur, Carnot, un rapport où l'idée qui ne le quitte pas est ainsi exprimée :

« Comment élever à la morale en même temps qu'à

---

(1) Voici ce décret :

« Considérant l'importance de l'éducation primaire pour l'amélioration du sort de la société ;

« Considérant que les méthodes jusqu'aujourd'hui usitées en France n'ont pas rempli le but qu'il est possible d'atteindre ; désirant porter cette partie de nos institutions à la hauteur des lumières du siècle ;

« Sur le rapport de notre ministre de l'intérieur, avons décrété et décrétons ce qui suit :

« Art. 1er. Notre ministre de l'intérieur appellera près de lui les personnes qui méritent d'être consultées sur les meilleures méthodes d'éducation primaire. Il examinera ces méthodes, décidera et dirigera l'essai de celles qu'il jugera devoir être préférées.

« Il sera ouvert à Paris une *École d'essai* d'éducation primaire, organisée de manière à pouvoir servir de modèle et à devenir école normale pour former des instituteurs primaires. Après qu'il aura été obtenu des résultats satisfaisants de l'École d'essai, notre ministre de l'intérieur nous proposera les mesures propres à faire promptement jouir tous les départements des nouvelles méthodes qui auront été adoptées.

« *Signé* : NAPOLÉON.

« 27 avril 1815.

« Par l'Empereur :

« *Le ministre secrétaire d'État,*

« duc de BASSANO. »

(*Moniteur* du 30 avril 1815.)

« l'instruction *le plus grand nombre d'hommes possible* des
« classes les moins fortunées? Voilà le problème que Votre
« Majesté veut résoudre en fondant une bonne éducation
« primaire. Quand j'exposerai à Votre Majesté qu'il y a
« en France deux millions d'enfants qui réclament l'in-
« struction primaire, et que cependant, sur ces deux mil-
« lions, les uns n'en reçoivent qu'une très imparfaite et
« les autres n'en reçoivent aucune, Votre Majesté ne trou-
« vera point indignes de son attention les détails que je vais
« avoir l'honneur de lui présenter, puisqu'ils sont les
« moyens mêmes par lesquels on peut arriver à faire jouir
« *la plus grande partie de la génération qui s'avance* du
« bienfait de l'éducation primaire, seul et véritable moyen
« *d'élever successivement à la dignité d'hommes* tous les
« individus de l'espèce humaine. »

« Il s'agit ici, » poursuivait le ministre avec une supé-
riorité de bon sens qui n'était autre chose que le reflet de
la pensée de l'Empereur, « il s'agit non pas de former
« des demi-savants et des hommes du monde : il s'agit de
« donner *à chacun* les lumières appropriées à sa condi-
« tion, de former de bons cultivateurs, de bons ouvriers,
« des hommes vertueux, à l'aide des premiers éléments
« des connaissances indispensables, et des bonnes habi-
« tudes qui inspirent l'amour du travail et le respect pour
« les lois... L'instruction primaire *doit finir par faire par-*
« *ticiper tous les individus des classes les moins fortunées*
« *au bienfait de la première éducation.* »

Ces derniers mots sont le testament de Napoléon Ier en ce
qui concerne le progrès de l'éducation populaire. Voilà le

vœu du réorganisateur de l'instruction publique en France ;
et c'est dans la réalisation de ce vœu que Votre Majesté,
s'appropriant une pensée retrouvée par elle dans son glo-
rieux héritage, peut voir l'une de ces *conquêtes* par lesquelles elle veut étendre l'empire de la loi morale, et
relever tant d'êtres qui grandissent étrangers à cette loi,
jusqu'au sentiment de leur dignité d'hommes et de chré-
tiens.

OBLIGATION ET GRATUITÉ.

Je n'envisage pas en ce moment sous ses faces multiples la question de *l'obligation légale de l'enseignement*. Je ne la discute pas ici, je la pose.

Cette question a été compromise lors des débats de la loi du 15 mars 1850. Unie, par les orateurs qui s'en faisaient les patrons, à l'idée de la *gratuité absolue,* elle fut enveloppée dans la réprobation qui frappait à juste titre une théorie illogique et dangereuse. La *gratuité absolue* de l'instruction primaire ne peut être admise; car :

L'État commet une usurpation en se substituant *à priori*, dans la dispensation de l'enseignement, à la famille, dont cette dispensation constitue le premier devoir;

La gratuité absolue, loin de propager l'instruction, l'entrave : les familles indigentes, à qui elle est et doit être accordée, sont celles qui veillent le moins à l'assiduité de leurs enfants à l'école; on tient peu à ce que l'on ne paye pas;

La gratuité absolue détruirait les écoles libres, en rendant la concurrence impossible; l'État perdrait l'utile émulation que provoque la rivalité;

Sous prétexte de sauvegarder la dignité des pauvres, la

gratuité absoluc la sacrifie; car elle se fonde sur cette supposition injurieuse que l'inégalité des fortunes constitue une infériorité blessante;

La gratuité absolue est funeste dans ses résultats : en éloignant les élèves aisés de l'école publique, elle brise entre les enfants riches et les enfants pauvres d'une même commune des liens de fraternité qui les rapprocheraient plus tard;

Enfin la gratuité absolue est injuste et onéreuse pour le pauvre dont on a la prétention de ménager l'intérêt; car elle le fait contribuer par l'impôt aux frais de l'éducation du riche qui peut et doit payer.

Pour toutes ces raisons, le système de la *gratuité absolue* de l'enseignement primaire devait être rejeté. Mais l'*obligation* de ce même enseignement (par l'école publique ou privée, l'école congréganiste ou l'école laïque, le maître particulier ou la famille) devait être inscrite dans la loi, car :

La loi, qui dispose en faveur des mineurs, pour protéger leurs biens contre les désordres ou l'incurie des parents et des tuteurs (art. 203, 2121 du code Nap.), ne peut-elle veiller sur leurs intérêts intellectuels?

Le droit des pères de famille ne saurait être le droit de nuire à leurs enfants, et la liberté de l'enseignement n'est pas la liberté de l'ignorance;

L'obligation de l'enseignement est le seul moyen d'arracher à l'abrutissement cette foule d'enfants que, dans les centres industriels notamment, une aveugle insouciance jette en proie à la corruption.

Qu'on ne dise pas que la contrainte, en un tel cas, serait l'oppression de la conscience; car elle s'exercerait vis-àvis du père pour sauvegarder précisément dans l'âme de l'enfant, nous l'avons dit, les conditions de la vie morale; elle ne s'imposerait au premier qu'au nom des droits méconnus du second.

Ainsi, entre la *gratuité* et l'*obligation* de l'enseignement primaire, les rapports que l'esprit de système a voulu établir n'existent pas; il faut briser une solidarité factice : là l'erreur, ici la vérité. Votre Majesté ne voudra pas que la première enchaîne de ses liens la seconde.

OBLIGATION DE L'ENSEIGNEMENT PRIMAIRE DANS LES DIFFÉRENTS PAYS DE L'ALLEMAGNE.

Sous le feu de débats passionnés, la question de l'enseignement obligatoire semblait devenue une question révolutionnaire. Pour lui rendre un caractère qu'elle n'aurait jamais dû perdre, il suffit de présenter cette question sous la forme où, selon nous, le bon sens prescrit de la poser.

L'importance de l'école est en raison inverse de la *puissance éducative* développée dans la famille. Quand la famille conserve, pour le communiquer à l'enfant, le dépôt des traditions morales et religieuses, le rôle de l'école est secondaire. Quand il faut suppléer l'influence du foyer domestique, plus encore, la combattre, le rôle de l'école grandit dans la proportion où celui de la famille s'abaisse, et le problème devient celui-ci : Trouver des instruments qui puissent, au nom de la société, donner à l'enfant ce que la famille ne peut pas, ne sait pas, ou ne veut pas lui donner.

Or, il faut bien le répéter, une partie notable de la génération qui s'élève ne trouve plus au foyer domestique le dépôt des vérités traditionnelles. Cela étant, pour la classe d'enfants dont on parle, l'école (dans le sens large et sérieux de ce mot) reste le dernier moyen de salut. La société tirera-t-elle de ce moyen ce qu'elle peut et doit en obtenir à tout prix?

A cette question, voici, dans son expression la plus concise à la fois et la plus générale, la réponse des législations de l'instruction publique dans les différentes parties de l'Allemagne, au triple point de vue de la famille, de l'Église, de l'État.

Le développement moral de l'enfant est le premier devoir du père. Protégé par la loi dans ses biens, l'enfant doit l'être aussi dans sa vie morale : premier principe.

En tant qu'appelé à l'accomplissement d'une destinée religieuse, l'enfant relève de l'autorité qui a mission de la lui révéler; l'*Église*[1] a sur lui un droit supérieur d'enseignement, et, pour être en mesure d'exercer ce droit, l'Église, par une action concertée, trouve un instrument dans l'État : second principe.

Il importe à la puissance publique que le développement intellectuel des individus soit un effet et devienne une cause du développement moral. Tout progrès économique et matériel d'un peuple ne peut naître d'ailleurs que du progrès de son intelligence. Au nom de l'intérêt de tous, l'État doit donc imposer à chacun l'obligation d'une instruction suffisante : troisième principe.

Dans ce peu de mots se formule, en s'y concentrant, l'esprit des différentes législations au delà du Rhin. Partout en Allemagne, ces principes sont la loi des faits. En une matière pour nous encore si neuve, je ne puis trop multiplier les documents et les textes.

(1) Nous entendons ici par *Église* l'autorité religieuse en général.

Prusse. — En Prusse, *l'obligation* est inscrite, on le sait, dans la loi fondamentale du pays [1] ; mais, à part les prescriptions de l'*Allgemeines Landrecht* (1794), nulle loi générale, en fait d'instruction primaire, n'a jamais à aucune époque, pas plus en 1819 qu'en 1849 [2], établi pour les diverses provinces de Prusse l'uniformité d'administration. Dans la question de l'obligation comme dans beaucoup d'autres, ce n'est pas à une loi générale — laquelle n'existe pas — qu'il faut recourir, c'est à des actes particuliers de la puissance publique ; et, disons-le, la diversité d'origine des prescriptions relatives à l'*obligation de l'école* (*Schulpflichtigkeit*) démontre précisément que ces prescriptions, loin d'être l'improvisation éphémère d'une pensée novatrice, répondent, dans leur sévérité, au vœu permanent de la conscience d'un peuple.

C'est en 1825 que les articles impératifs de l'*Allgemeines Landrecht* furent directement appliqués aux provinces occidentales et à la Westphalie [3]; mais dès 1801,

______

(1) « Tout individu qui ne peut pas ou ne veut pas procurer chez lui à « ses enfants l'instruction *nécessaire* (*den næthigen Unterricht*) est tenu de « les envoyer à l'école dès leur cinquième année accomplie. » (Art. 43.)

« Nul enfant ne peut dès lors être privé de l'école ou s'en absenter « quelque temps, pour des circonstances fortuites, sans le consentement « de l'autorité ecclésiastique... » (Art. 44.)

« L'enseignement de l'école est obligatoire jusqu'à ce que l'enfant, au « jugement du chef de la paroisse, possède l'instruction nécessaire à tout « homme de son état. » (Art. 46.)

(2) Le projet de loi générale préparé en 1849 est allé rejoindre, dans les cartons du ministère de l'instruction publique de Berlin, le projet de 1819 L'impossibilité de concilier les usages des différentes provinces et les droits traditionnels des évêques avec les désirs des consistoires a été la cause du retrait de la loi.

(3) *Allerhœchste Kâbinets-Ordre*, 14 mai 1825.

l'autorité spirituelle de cette province, l'évêque de Münster, avait pourvu à un devoir social, en des termes que le caractère du législateur rend dignes d'une attention spéciale, et qu'il faut citer :

« Tous les parents sans exception seront invités à se rappeler que le salut temporel et éternel de leurs enfants dépend en grande partie de l'instruction qui leur est donnée dans le jeune âge sur Dieu, la religion, leurs devoirs, et de ces connaissances indispensables (*unentbehrlichen Kenntnissen*) qui les mettent en état d'être utiles à eux-mêmes, à leurs parents, au pays ; que c'est par conséquent le devoir des parents de saisir avec empressement les moyens que leur offrent les écoles publiques d'assurer à leurs enfants une instruction et une éducation de nature à en faire des membres pieux de l'Église et des serviteurs utiles de l'État.

« Les parents ou ceux qui tiennent leur place seront sérieusement avertis d'envoyer leurs enfants à l'école, sans distinction de sexe. L'âge pour l'accomplissement de ce devoir est fixé de la sixième à la quatorzième année accomplie. S'il existe des raisons graves, raisons qui doivent être soumises au jugement de l'instituteur et du curé, ou pour ne pas envoyer l'enfant de si bonne heure à l'école, ou pour ne pas l'y maintenir aussi longtemps, le curé délivre sans frais un certificat.

« ..... Les parents qui, non porteurs d'un tel certificat, ou négligent de mettre leurs enfants à l'école, ou se bornent à les y envoyer rarement, ne payeront pas moins la rétribution scolaire (*schulgeld*) dans sa totalité. Les pauvres qui se rendent coupables de cette faute seront privés des secours de bienfaisance ; s'ils y persistent, l'autorité emploiera des moyens plus énergiques de contrainte.

« Les maîtres qui se refuseraient à envoyer à l'école les enfants entrés à leur service y seraient également contraints par des peines sévères [1]. »

Une foule d'instructions émanées des Régences de Münster, de Dusseldorf, de Cologne [2] témoignent de l'empressement que ces conseils ont porté dans l'application réglementaire du principe établi. J'y reviendrai, s'il y a lieu, en entrant dans les détails de l'exécution ; je constate ici l'existence même de la loi. J'en ai trouvé non pas l'origine, mais la consécration, dans l'*Allgemeines Landrecht* et l'ordonnance épiscopale de Münster, pour la Prusse occidentale et les pays rhénans ; cette même sanction, pour une province qui a toujours vécu d'une vie à part, pour la Silésie, est dans le *Schulreglement* de 1763 et dans celui de 1765, puis dans le rescrit royal du 18 mai 1801 [3].

« Tous les établissements fondés et tous les règlements écrits pour le bien de nos sujets produiront peu de fruits, si,

(1) *Verordnung für die Deutschen und trivial Schulen des Hochstifts Münster* (2 septembre 1801).

(2) *Verordnungen* des 20 juillet 1820, 29 mai 1827, 2 mars 1828, 20 novembre et 23 février 1831, pour la *Regierung* de Cologne ; *Verfügungen* et *Bekanntmachungen* des 30 octobre 1825, 6 juillet 1826, 6 février 1827, 11 novembre 1828, 4 mars 1834, 17 septembre 1835, etc., etc., pour la *Regierung* de Dusseldorf ; des 7 février, 7 mai, 18 juillet 1828, etc., etc., pour celle de Münster.

(3) *Reglement für die niedern katholischen Schulen in den Stædten und auf dem platten Lande von Schlesien und der Grafschaft Glatz.*

comme il est arrivé trop souvent jusqu'à ce jour, les écoles restent vides, et s'il dépend de la volonté des parents d'y envoyer ou de ne pas y envoyer leurs enfants[1]. C'est pourquoi nous ordonnons que tous les enfants dans les villes et dans les campagnes, les parents étant ou n'étant pas en état de payer l'impôt scolaire, dès qu'ils auront atteint l'âge de six ans, jusqu'à la fin de leur treizième année, soient envoyés à l'école. (*Schulreglement* de 1765, § 25.)

« Les parents ou tuteurs, continue le rescrit de 1801, dont les enfants restent une semaine hors de l'école, sans cause de force majeure, sont punis d'une amende de 4 silbergros. Ceux que la pauvreté empêche de payer donnent à la commune un jour de travail. La maladie ou un voyage obligé sont les seules causes qui puissent dispenser de l'école.

« Les classes du dimanche prescrites par le *Schulreglement* de l'an 1765 doivent être suivies par les enfants qui ont quitté l'école, jusqu'à la quinzième année. Les apprentis, dans les villes, sont tenus de fréquenter ces classes sous peine de 3 thalers d'amende. »

Tel est, pour toute la Prusse, dans la diversité de ses origines légales, le principe de l'obligation de l'école. Au point de vue de l'instruction populaire, ce principe est la Prusse elle-même. Or, je m'empresse de le dire, au milieu du bouleversement social des dernières années, nulle part ce principe n'a rien perdu de sa haute valeur morale. Sur ce point comme sur beaucoup d'autres, il

(1) « *Wenn der Willkühr der Eltern überlassen bliebe, ob sie ihre Kinder in die Schule schicken wollen oder nicht.* »

m'a été donné de recueillir la pensée des chefs intellectuels et politiques du pays. Eh bien, pas plus dans l'esprit du ministre de l'instruction publique M. de Raumer,
ou des membres du consistoire supérieur, que dans celui
du cardinal-archevêque de Cologne ou du prince-évêque
de Breslau, l'idée de la *Schulpflichtigkeit* n'est en ce moment
compromise.

En quelques parties de la Prusse, notamment dans
les provinces centrales, à la vue de l'effrayante dissolution
des croyances, devant les progrès d'un nihilisme qui a eu
pour propagateurs des maîtres d'écoles et des ministres
évangéliques, on comprend que l'enseignement populaire
s'est témérairement écarté parfois de la direction morale qui doit être sa loi : on le comprend, on le confesse
tout haut. L'Allemagne, à l'heure qu'il est, s'arrête dé-
routée, tout près de se frapper la poitrine ; en pédagogie
comme en philosophie, elle se demande : Où suis-je?
— Mais si l'on cherche une voie nouvelle, ou plutôt si
l'on tente de remonter le torrent, nulle part on ne pense
à tuer le principe pour réformer l'abus, à faire payer à
ce principe la faute des hommes, à briser l'instrument,
mais à s'en mieux servir.

Ce que je dis de la Prusse doit être dit aussi du royaume
de Saxe.

SAXE. — L'instruction primaire est régie, dans le
royaume de Saxe, par la loi du 6 juin 1835 et par une
loi récente qui a modifié celle-ci sur quelques points, la
loi du 3 mai 1851.

Je lis dans la première de ces lois :

« Art. 20. Tout enfant doit fréquenter l'école pendant huit années consécutives, en hiver comme en été.

« Art. 24. Même lorsque le temps fixé par la loi pour la fréquentation de l'école est écoulé, l'enfant ne peut quitter l'école avant que le but de l'enseignement scolaire ait été atteint en ce qui concerne les matières essentielles, à savoir : la lecture, l'écriture, le calcul ; il doit surtout posséder une intelligence nette des vérités de la religion, et une connaissance suffisante des saintes Écritures.

« Art. 59. Tout enfant qui atteint l'âge où commence l'obligation de l'école (*das schulpflichtige Alter*) doit, pendant le temps fixé par la loi, recevoir l'enseignement de l'instituteur préposé au cercle d'école.

« Art. 60. Il y a dispense de l'obligation pour l'enfant de fréquenter l'école du cercle, quand les parents, tuteurs, etc., prouvent que, soit chez eux, soit ailleurs, ils l'instruisent ou le font instruire d'une manière suffisante.

« Art. 64. Nul enfant ne peut, sans excuse valable, manquer aux heures fixées pour l'école.

« Ne doit, en général, être considérée comme telle, que la maladie, soit de l'enfant, soit d'un membre de la famille. Le *Schulvorstand* (comité de l'école) a le devoir de s'assurer si cette raison ou toute autre, selon les circonstances, est sérieusement admissible.

« Art. 65. Le *Schulvorstand* doit n'épargner aucun effort pour faire cesser les absences non légitimes. Si ces efforts restent sans succès, l'amende et les autres moyens de contrainte doivent être employés contre les parents, tuteurs, maîtres, etc.

« Art. 67 Quand les parents, tuteurs, etc., n'allèguent que des excuses jugées insuffisantes, ils sont punis, pour la première fois, d'une amende de 5 silbergros [1] à 2 thalers 15 silbergros [2], ou d'un temps de prison équivalent ; et, en cas de récidive, de peines proportionnelles. »

Telle est la pensée de la loi de 1835 dans la question qui m'occupe. Or aucune modification n'a été introduite sur ce point capital de l'*obligation* de l'école. Certes le ministre actuel de l'instruction publique en Saxe est un esprit pratique autant qu'élevé. M. le baron de Beust a montré, en 1849, que son énergie était à la hauteur des situations les plus difficiles ; et, ayant saisi les rapports intimes qui rattachent l'enseignement primaire à tout l'ensemble des intérêts sociaux, ayant voulu, pour lui imprimer la direction que traçait sa pensée politique, réunir au département des affaires étrangères l'administration de l'instruction publique, il n'eût pas souffert que subsistât dans la loi de 1835 un principe menaçant pour l'esprit de conservation et le progrès moral des masses. Eh bien, M. de Beust, dans la loi du 3 mai 1851, a introduit des changements notables à la législation précédente [3] ; mais il s'est gardé de porter atteinte à ce principe de l'*obligation*. Et non-seulement il ne l'a pas ébranlé, mais, dans le long entretien qu'il m'a fait l'honneur de m'accorder, j'ai pu me

(1) A peu près 70 centimes.
(2) 9 francs 35 centimes.
(3) En soumettant les fautes que peuvent commettre les instituteurs à une répression plus sévère, la loi de 1851, en Saxe, comme la loi française de 1850, a amélioré leur situation matérielle. — Le minimum de leur traitement a été fixé à 140 thalers (545 francs).

convaincre que cet homme d'État en considérait l'application comme une garantie pour l'avenir ; que, dans sa pensée, l'indifférence d'un gouvernement en présence du mauvais vouloir ou de l'incurie des parents était une sorte de complicité à un homicide moral ; que prévenir un tel crime serait pour l'État le premier des devoirs, quand ce ne serait pas le premier des intérêts.

HANOVRE. — La législation de Hanovre n'est pas moins explicite que les législations prussienne et saxonne. La loi hanovrienne du 26 mai 1845 porte ces mots :

« Art. 3. Tout enfant est tenu de fréquenter une école pendant le temps sur lequel porte l'obligation (*wœhrend des schulpflichtigen Alters*), s'il ne reçoit pas l'instruction nécessaire dans un établissement supérieur, ou par l'enseignement privé.

« L'autorité ecclésiastique chargée de l'inspection [1] a cependant le droit, dans des circonstances spéciales, de dispenser de la fréquentation de l'école.

« Art. 4. L'âge sur lequel porte l'obligation de l'école commence après la sixième année accomplie.

« Art. 6. L'instruction privée exempte de la fréquentation d'une école publique (*Volksschule*), au cas seulement où elle embrasse les matières prescrites dans cette école, et où en même temps la capacité des maîtres qui

____

(1) « L'enseignement dans les écoles primaires reste, selon la loi « constitutionnelle du pays, placé sous la surveillance du pasteur et des « ministres ecclésiastiques compétents. »

la donnent est reconnue par ceux à qui est confiée la surveillance des écoles. »

Même principe dans l'organisation scolaire du *grand-
duché de Bade*. — « Chaque année à Pâques, le pasteur,
d'après les registres de l'état civil, communique au comité
d'école la liste des enfants que leur âge soumet à l'obligation. Le comité complète cette liste par les noms des
enfants du même âge qui ne sont pas nés dans la commune. »

« Dix jours après la rentrée des classes, l'instituteur
met sous les yeux du comité la preuve que tous les enfants soumis à l'obligation légale fréquentent en effet l'é-
cole, ou indique les noms de ceux qui n'accomplissent pas
ce devoir. »

« Le comité fait savoir aux parents ou tuteurs que les
moyens de contrainte seront employés, s'ils n'ont pas de
raisons légitimes pour obtenir une dispense (*eine be-
freiung*) [1]. »

Dans le duché de *Saxe-Weimar*, la législation de 1821
contenait des prescription analogues, et la loi récente du
2 mai 1854 n'y a introduit aucune modification.

Des États du nord passons aux États du midi, des pays
protestants aux pays catholiques.

En Bavière, un décret du 23 décembre 1802 statuait :

______

(1) *Landesherrliche Verordnung* du 15 mai **1834**, §§ **5, 6**.

« Aucun enfant ne peut quitter l'école avant d'avoir atteint l'âge de douze ans accomplis ; il doit avoir subi un examen et obtenu un certificat de sortie pour être reçu en apprentissage, et plus tard pour se marier... Cette prescription doit être universellement observée. De sa rigoureuse exécution dépend le bien-être moral, physique et civil des classes inférieures. »

Ce décret fondamental a été, depuis 1802, commenté par une foule de règlements, d'arrêtés, etc. [1], confirmé par tous les actes législatifs. Aujourd'hui encore, il est la base du système de l'instruction primaire en Bavière.

L'Autriche, on le sait, ne fait pas exception à la règle dont je constate ici l'universalité.

« Le gouvernement autrichien, disait en 1835 M. Saint-Marc Girardin [2], cherche à résoudre deux grands problèmes : il veut que le peuple soit riche et heureux, et il ne veut pas qu'il s'avise jamais d'avoir les pensées d'indépendance et de fierté que donnent le bonheur et l'aisance. Il veut que le peuple soit instruit, et il ne veut pas que son intelligence s'enhardisse jamais, en se développant, à examiner les institutions politiques. Jusqu'ici il semble avoir réussi... Combien cela durera-t-il ? »

Les événements de 1848 n'ont pas changé la pensée du gouvernement autrichien. Ce qu'il voulait en 1835, il le veut en 1852 ; et il le veut peut-être avec plus de netteté

---

(1) 24 décembre 1810, 13 août 1811, 12 mars 1812, etc.; 11 mars 1833, 8 avril 1835, etc.

(2) *De l'Instruction intermédiaire dans le midi de l'Allemagne*, p. 170.

et de précision, parce qu'il croit le vouloir avec une plus entière connaissance de cause. «Combien cela durera-t-il?» disait, il y a dix-sept-ans, l'éminent écrivain. Le gouvernement autrichien croit que, malgré 1848, *cela* n'a pas pas cessé de durer. A ses yeux, le mouvement révolutionnaire, loin de lui aliéner le peuple, l'a rapproché de lui. « Le peuple d'Autriche, disait le prince de Schwar-« zenberg, est un honnête homme que des viveurs avaient « enivré, afin de le rosser et le voler par amour pour lui. » Le gouvernement autrichien croit que le peuple ne tient plus aux témoignages de cet amour, et que l'honnête homme est dégoûté des viveurs. L'indifférence politique lui paraît le produit le plus net de l'agitation des dernières années, et je ne sais s'il déplore bien amèrement ce résultat. Le gouvernement ne pense donc pas s'être mépris dans la direction de l'éducation populaire ; il croit que l'Allemagne du nord — je dis ailleurs comment il le prouve — s'est bien autrement égarée ; il ne juge pas que ses anciens principes ni les procédés d'application fussent périlleux, et il s'y tient.

Parmi ces principes, est celui de l'obligation de l'enseignement. Ici encore je dois citer la loi [1] :

« Tous les enfants, garçons et filles, dès qu'ils atteignent leur sixième année jusqu'à l'âge de douze ans accomplis, doivent aller à l'école.

« L'état des enfants est dressé tous les ans par le maî-

---

(1) Politische Verfassung der deutschen Volksschulen für die osterreich-ischen Provinzen.

tre d'école et l'inspecteur, aux fêtes d'automne, collationné avec les registres de baptême, et arrêté par le curé de la paroisse [1]. »

Après cette prescription générale, voici une disposition qui témoigne, pour le bien-être moral d'une nombreuse classe d'enfants, d'une sollicitude qu'on ne saurait trop louer :

« La garde des troupeaux par les enfants les isolant de la surveillance des parents et tendant, en les privant d'instruction, à développer des habitudes sauvages et une précoce immoralité, on doit travailler, partout où faire se peut, à abolir cet usage... En tout cas, aucun pâtre ne peut être reçu en service, s'il ne produit un certificat de son curé, certificat constatant qu'il a reçu dans l'école l'instruction religieuse, et qu'il a subi sur ce point un examen satisfaisant. »

(1) L'état doit indiquer l'âge des enfants qui fréquentent l'école, afin qu'il soit facile de vérifier si les enfants ne la quittent pas avant le temps fixé par la loi.

ÉCOLE PAROISSIALE DE	CATH.		NON CATH.		JUIFS.		Fréquent. l'éc. depuis l'année.	Sans interrupt.	Avec interrupt.	Pas du tout.
	Garçons.	Filles.	Garçons.	Filles.	Garçons.	Filles.				
Enfants de 12 ans.........										
— de 11 ans........										
— de 10 ans........										
— de 9 ans........										
— de 8 ans........										
— de 7 ans........										
— de 6 ans........										

Comme le règlement de l'évêque de Münster, la loi autrichienne ordonne au curé, lorsqu'un enfant quitte sa paroisse pour une autre, de prévenir le curé de la seconde commune, afin de mettre ce dernier en demeure de veiller à l'instruction de l'enfant ; comme le rescrit prussien de 1801, cette même loi rend obligatoire, pour les enfants qui ont fait leur temps d'école, et jusqu'à l'âge de quinze ans, sauf des cas d'exemption spécifiés, la fréquentation des écoles de *répétition* ou de perfectionnement (*Wiederholugsnschulen*). Ces écoles se tiennent le dimanche et les jours de fêtes. Elles ont pour but de raviver dans la mémoire des jeunes gens les connaissances acquises sur les bancs de l'école élémentaire ; d'y développer ces connaissances pour en montrer l'application usuelle ; surtout, de donner à l'instituteur et au curé le moyen d'enraciner dans les âmes, par des leçons d'un caractère pratique, les principes sur lesquels doit reposer la vie morale et religieuse.

Partout où est ouverte une école primaire, doit exister, sous la sanction de l'obligation légale, une école de perfectionnement. Nous ne croyons pas que nos mœurs comportassent la contrainte en ce qui touche la fréquentation des écoles d'adultes ; mais que l'on pense aux effets presque infaillibles de l'abandon moral où se trouvent les enfants des classes ouvrières alors que se ferment pour eux les portes de l'école élémentaire, et l'on rendra hommage à la pensée qui inspire une telle législation, comme aux mœurs d'un pays qui en accepte l'empire.

Le principe de l'obligation n'est pas seulement appliqué dans les provinces allemandes de l'Autriche ; il l'est encore, ce qui semblait plus difficile, au delà des Alpes, sous le ciel d'Italie, jusque dans les pays lombardo-vénitiens [1]. La réorganisation administrative qui se prépare en ce moment pour les provinces de l'Empire consacrera certaines modifications dans le gouvernement de l'instruction primaire ; mais ces changements eux-mêmes seront tout à fait favorables à l'extension de la *Schulpflichtigkeit*.

Les inspecteurs supérieurs de l'instruction primaire pour chaque province, nouveaux fonctionnaires créés depuis trois années, tiennent la main à l'exécution de la loi avec un soin tout spécial. MM. Wenzig et Maresh, *Schulrathe* de la province de Bohême, m'ont fait nettement connaître leur pensée à cet égard. M. Maresh a, du reste, donné à cette pensée la valeur d'une déclaration publique.

« C'est seulement à une vue superficielle, écrivait-il « récemment, que l'obligation légale paraîtrait contraire « au droit. Qui examine attentivement rendra hommage à « cette loi. » (*Jahrbuch für Lehrer*, p. 69. 1852.)

Comme en Prusse, en Hanovre, en Saxe, en Bavière, une sanction pénale consacre, en Autriche, les prescriptions de la loi :

« Les pères ou patrons qui négligent d'envoyer leurs enfants à l'école doivent payer une amende [2]. Dans le cas

---

(1) L'obligation s'étend, en Lombardie comme en Autriche même, de six à douze ans. « La famiglia che non manda il figlio alla scuola, è « multata una mezza lira. » (Mittermaier, trad. ital. delle Condizioni d'Italia, page 193.)

(2) *Politische verfassung*, etc..... § 184.

où ils auraient été exemptés de la rétribution scolaire, la négligence est punie par le retrait de cette exemption, s'ils ne sont pas indigents. S'il y a indigence, ils sont condamnés à un ou plusieurs jours de travail au profit de la commune[1]. »

Telle est, dans l'Allemagne tout entière, l'obligation légale de l'instruction[2].

(1) Voir divers règlements relatifs à l'obligation, note D, à l'*Appendice*.
(2) Voir, pour l'application du principe de l'obligation à l'enseignement religieux, la note E.

CONCLUSION.

En France et en Allemagne, la question de principe est la même.

Combien il importe qu'une partie de la génération qui s'élève ne grandisse pas en dehors de ce courant d'influences morales dont l'autorité spirituelle et le pouvoir civil renouvellent incessamment la source, tout homme d'État doit le reconnaître.

Il y a donc là, j'ose l'affirmer, Sire, un grand intérêt politique et social.

La diffusion universelle de l'instruction au sein des masses entraînerait, on le comprend, de sérieuses réformes dans notre système d'éducation populaire. L'enseignement primaire, dans les conditions où il est généralement donné depuis un demi-siècle, a-t-il victorieusement lutté contre le mal? — Non. — A-t-il établi l'harmonie entre les facultés dont il provoquait l'essor, en sorte que la volonté inclinât vers le bien, à mesure que l'intelligence se rapprochait du vrai? — Non. — Pourquoi? — Pour trois raisons :

1° Le développement du sentiment religieux n'a pas suffisamment accompagné le développement intellectuel;

2° L'élément de l'instruction a trop souvent absorbé, au sein de l'école, l'élément de l'éducation ;

3° L'enseignement n'a pas été mesuré dans une proportion exacte aux besoins des populations auxquelles il a été donné.

De ces trois faits, causes du mal, ressortent des conséquences d'une importance capitale, mais dont je n'ai pas en ce moment à exposer le caractère.

Une seule réflexion doit ici trouver place.

L'éducation populaire, en cette voie nouvelle où la jetterait une impulsion puissante, deviendrait, pour le salut commun, la sauvegarde des intérêts conservateurs. Partiellement dispensée, l'instruction primaire favorise et développe cette tendance au déclassement qui est le travers de notre société, quand elle n'en est pas le fléau : car, en constituant au profit de quelques-uns une sorte de privilége intellectuel, elle donne à l'ambition un prétexte, un aliment à la vanité.

Mais que l'instruction primaire soit universellement distribuée, par l'élévation de tous elle rend sans danger l'élévation de chacun. Si elle fait monter le niveau général, elle maintient entre les individus les relations qui naissaient d'une hiérarchie naturelle ; elle élève les termes du problème, elle n'en altère point le rapport ; elle conduit à ce but : faire sortir du progrès individuel la sécurité de l'ordre social.

La diffusion universelle de l'enseignement, par l'obligation, est donc un moyen d'étouffer les germes de cette sotte vanité qui fait rougir le fils de la profession de son père, et fausse, pour l'égarer, la direction naturelle des facultés. Elle est un remède, bien loin d'être un péril ; elle est une digue, et non pas un torrent. Elle permet, en égalisant le niveau de l'instruction, de faire reposer l'éducation populaire sur ces principes :

Les différentes professions ne sont que les applications multiples d'une loi commune, la loi chrétienne du travail, qui les relève pour les consacrer toutes ;

Ces professions sont, dans leur variété, des postes divers, mais égaux, tous pareillement postes d'honneur, où les travailleurs, instruments de la même idée, peuvent mériter au même titre ;

Chacune de ces professions, rouages différents, mais indispensables du mécanisme social, est digne d'absorber l'activité de l'intelligence, parce qu'elle l'absorbe dans l'intérêt commun.

C'est à un pouvoir sorti du suffrage universel qu'il appartient peut-être, en proclamant ces principes, de créer l'universalité de l'instruction. S'il établissait *l'obligation de l'enseignement,* le gouvernement de Votre Majesté donnerait un témoignage nouveau de sa confiance dans les masses qu'il ne craindrait pas d'éclairer en les *conquérant* à la vie morale. Or, montrer sa confiance, c'est prouver sa force.

Je suis avec un profond respect,

Sire,

De Votre Majesté

Le très humble et très obéissant serviteur,

Eugène **RENDU**.

APPENDICE.

NOTE A.

Loin de nous la pensée de méconnaître l'importance des résultats dus aux efforts de l'administration, et de contester les progrès accomplis.

Disons-le d'abord : ce n'est pas de 1855, ni même de 1816, comme on y est trop habitué peut-être, qu'il faut faire dater l'existence de l'instruction primaire en France. En fait d'instruction primaire, se poser comme créateur, c'est, pour notre siècle, blesser par un puéril amour-propre la vérité comme la justice.

S'il nous est possible de publier quelque jour une histoire de l'éducation populaire en France, nous aurons à citer bien des textes qui associeraient le passé aux éloges décernés au présent. Ce n'est pas d'aujourd'hui, par exemple, qu'il était recommandé de s'enquérir dans les paroisses : « Item, si schole habentur, pro juvenibus; item, qualiter instruuntur in parochiâ..... provideatur igitur quod sint schole ubi non sunt. » (GERSON, *Tractatus de visitatione prœlatorum*, éd. de Bâle, pars 2, f. c.)

Louis XIV, par un édit de 1598, avait ordonné qu'il fût établi une école dans chaque paroisse, et qu'à défaut d'autres fonds, les habitants fussent imposés à cet effet jusqu'à concurrence, pour chaque paroisse, de 150 livres par an.

Quoi qu'il en soit de la part qui doit être faite à des siècles si éloignés, nous signalons avec reconnaissance les progrès accomplis depuis 1816, et notamment depuis 1855.

En 1857, le nombre des élèves des écoles primaires était de 2,695,986 ;

En 1840, il s'était élevé à 2,896,964 ;

En 1845, un développement naturel avait porté ce chiffre à 5,164,297 ;

Enfin le nombre des enfants qui fréquentent les écoles en France est aujourd'hui, ainsi qu'il a été dit, de 5,555,659.

Ce progrès continu, progrès que nous constatons avec un empressement d'autant plus sincère que cet empressement est un hommage filial à un nom vénéré, ce progrès n'infirme en rien les calculs posés et les faits établis. Et qu'on le remarque, il ne faut pas compter dans l'avenir sur un progrès proportionnel au progrès que nous venons de signaler. Tant s'en faut ! Plus on avance, plus les obstacles grandissent. On se trouve, à l'heure qu'il est, en présence de l'incurie, de l'indifférence systématique, du mépris de la loi religieuse et morale, forces redoutables de la coalition desquelles une arme puissante, la loi, peut seule désormais triompher. La voie creusée jusqu'à présent dans le sable rencontre aujourd'hui le roc. Contre un obstacle nouveau, il faut un nouvel instrument.

Dans six départements seuls, le chiffre normal des enfants qui doivent fréquenter l'école, eu égard à la population, est atteint ou à peu près ; ce sont les départements que leur proximité de l'Allemagne fait participer des mœurs, sinon de la législation de ce pays : Meurthe, Moselle, Haut-Rhin, Bas-Rhin, Haute-Saône, Vosges. Partout ailleurs, le nombre des enfants qui fréquentent l'école, au lieu d'être le sixième de la population, n'est que le huitième, dixième, vingt-deuxième, et descend jusqu'au vingt-huitième.

NOTE B.

S'il serait puéril de chercher dans l'instruction seule une garantie de moralité, il est absurde d'y voir, selon la tendance de quelques esprits, une cause de perversion morale. Un mémoire fut présenté en ce dernier sens, il y a deux ans, à l'Académie des sciences morales et politiques. Les calculs d'une statistique qui s'appuyait sur les bases les plus erronées furent immédiatement détruits par quelques simples observations. Le mémoire se faisait une arme contre l'instruction primaire de la multiplicité des délits dans les villes. « Dans les villes, répondit M. de Rémusat, l'extrême pauvreté est plus voisine de l'extrême richesse, les diverses classes de la société sont plus étrangères les unes aux autres ; les populations, plus agglomérées, multiplient les mauvaises rencontres et les exemples pernicieux ; les tentations sont plus fréquentes et plus fortes ; les imaginations sont plus excitées ; la constitution nerveuse des hommes n'est pas la même. Voilà des causes de délits. Qu'est-ce que l'instruction primaire, généralement plus répandue dans les villes, a à voir dans tout cela ? »

M. Portalis, M. Léon Faucher, M. Cousin, M. Ch. Giraud, M. Moreau de Jonnès parlèrent dans le même sens.

En 1847, le nombre total des accusés a été de 8,704. Sur ce nombre, 1,465 étaient âgés de moins de vingt ans ; et parmi eux, 857 ne savaient ni lire ni écrire.

496 savaient lire et écrire imparfaitement.

119 savaient lire et écrire couramment.

11 seulement avaient reçu une éducation supérieure au premier degré.

4,868 étaient âgés de vingt-un à quarante ans, et parmi eux 2,648 ne savaient ni lire ni écrire.

1,508 ne savaient lire et écrire qu'imparfaitement.

298 savaient bien lire et écrire.

59 avaient reçu une éducation supérieure ;

de sorte que, sur le total général de 8,604,

4,798 ne savaient ni lire ni écrire ;

2,707 ne savaient lire et écrire qu'imparfaitement ;

1,057 savaient bien lire et écrire ;

162 seulement avaient reçu une instruction supérieure.

Si l'on joint aux accusés entièrement illettrés les accusés ne sachant lire et écrire qu'imparfaitement, on trouve une proportion de 6,172 illettrés sur 8,704 accusés, c'est-à-dire 77 pour 100 environ.

Selon la remarque de M. Giraud, le nombre proportionnel des accusés complétement illettrés s'est accru chaque année, depuis que l'on relève la statistique exacte de la criminalité. Ainsi, en 1845, ce nombre a été de 55 pour 100 ; en 1846, il n'était que de 52, et de 51 en 1845. Les progrès de l'instruction populaire ont donc efficacement agi sur le penchant au crime.

Voyez des résultats et des conclusions analogues dans nos études sur l'*instruction primaire à Londres dans ses rapports avec l'état social*, ch. I. Aux populations industrielles d'Angleterre, où la corruption est aussi profonde que l'ignorance est grossière, comparez les populations industrielles d'Amérique, parmi lesquelles le niveau de la moralité est aussi élevé que l'instruction est répandue. Dans les 59 comtés de l'État de New-York, par exemple, sur une population de 2,400,000 âmes, on compte 9,562 écoles primaires fréquentées par 657,782 enfants entre cinq et seize ans.

NOTE C.

Il faudrait remonter très haut pour signaler toutes les traces du principe de l'obligation, dans l'histoire de l'éducation populaire en France.

« Constitutum est ut scholæ legentium puerorum fiant ; psalmos, notas, cantus, computum, grammaticam, per singula monasteria vel episcopia discant..... Volumusque ut disciplinam condignam habeant qui hæc discere negligunt, sive in jejunio sive in aliâ castigatione. » (*Capitul. Ansegh.* libro V, t. 95.)

Un concile de la province de Rouen, au IXe siècle, ordonne « ut omnes qui in parochiâ sunt filios suos ad erudiendum in scholam ad civitatem dirigant. » (*Bessin*, Concil. t. II, p. 59 ; cité par M. Delisle dans les *Études sur la condition de la classe agricole au moyen âge*.)

Dans les états généraux de 1560, la noblesse voulait qu'il fut établi « pédagogues et gens de lettres en toutes villes et villages, pour l'instruction de la jeunesse du plat pays en la religion chrétienne, bonnes mœurs et autres sciences nécessaires. » Bien plus, la noblesse demanda qu'il y eût « contrainte et amende contre les pères et mères qui négligeraient d'envoyer leurs enfants aux écoles. » (États généraux tenus à Orléans.)

Voyez dans notre ouvrage *De la loi de l'enseignement*, p. 180, la déclaration de 1598, imposant jusqu'à l'âge de quatorze ans l'obligation de l'école et du catéchisme et la prescription impérative de Louis XIV.

NOTE D.

Nous traduisons ici différents textes et règlements relatifs à *l'obligation de l'école*. Ces règlements ne sont point proposés comme modèles d'un règlement destiné aux écoles de France. Des modifications profondes devraient y être introduites à bien des égards. Nous les citons à titre de simples documents.

Instruction ministérielle du 18 mars 1845.

Art. 1er. L'instituteur, le dernier jour de chaque mois, ou à de plus courts intervalles, s'il en est requis par le bourguemestre, dresse en double, d'après le modèle ci-joint, la liste d'absence, y note les excuses qui sont à sa connaissance, et la remet au bourguemestre et au curé. Quand aucune absence n'a eu lieu, notification en est faite, également par écrit, et dans le même délai, au curé comme au bourguemestre.

Art. 2. Le curé examine la liste, soumet les cas mentionnés à l'appréciation des autres membres du comité de l'école, et, dans le délai de huit jours, la communique au bourguemestre avec les remarques qu'il juge utiles.

Art. 3. Le bourguemestre fait citer par écrit, dans le délai de deux jours après cette communication, les pères ou tuteurs des enfants dont le défaut d'assistance à l'école n'a pas d'excuse dans sa conviction, aux termes de l'article 6, pour être procédé à l'interrogatoire et l'arrêt être prononcé.

Art. 4. Quiconque, après citation reçue, ne se présente pas est condamné par contumace. Le bourguemestre lui fait signifier un extrait du jugement par un agent de police ou le garde champêtre.

Art. 5. Le prévenu est averti, dans sa citation, d'avoir à produire ses moyens de défense.

Art. 6. Le manque d'assistance à l'école peut être seulement excusé,

1° Par une permission écrite du curé, permission qui ne peut valoir plus de trois jours sans la ratification du *landrath* (sous-préfet) ;

2° Par la maladie ;

3° Pour les enfants de campagne, par des intempéries qui, d'après une appréciation sensée, ont rendu impossible le trajet de l'école.

Art. 7. Les excuses tirées d'autres motifs que de ceux énoncés dans l'article 6 doivent être approuvées par le landrath. La ratification est sollicitée par le bourguemestre, qui communique au landrath la liste d'absence. Si celui-ci ne juge pas devoir accorder son approbation, il prononce la peine légale, et donne connaissance de l'arrêt au bourguemestre, qui est chargé de l'exécution.

Art. 8. L'amende pour un jour d'absence est de 1 silbergros (15 c.) à 1 thaler (5 fr. 75). Des prestations de travail ou la prison remplacent l'amende quand il y a incapacité de payer. (C'est toujours du père ou du tuteur, bien entendu, dont il est question, et non de l'enfant, qui n'est pas responsable.)

Art. 9. Contre le jugement du bourguemestre, le condamné a recours auprès du landrath. Le recours doit être formé dans les trois jours.

Art. 10. Le landrath rend sa décision d'après l'examen des pièces communiquées. Il peut, s'il le juge nécessaire, ordonner une nouvelle audition de l'accusé.

Art. 11. La décision du landrath est écrite sur l'extrait de la liste qui lui a été communiquée. Elle est envoyée au bourguemestre pour être mentionnée sur la liste et notifiée à la partie qui a formé l'appel.

Art. 13. Pour percevoir l'amende, le percepteur reçoit un extrait de la liste d'absence signée par le bourguemestre, visée par le landrath, et procède de la même manière que pour le recouvrement de l'impôt.

L'emprisonnement a lieu sur un ordre d'arrestation donné par le bourguemestre, visé par le landrath. L'ordre porte le nom, la demeure du condamné, et la durée de la peine. L'accomplissement de la peine est mentionné sur la liste par le bourguemestre.

Art. 14. Le défaut d'assistance aux instructions religieuses que le pasteur dispense aux enfants soumis à l'obligation de l'école (*den schulpflichtigen kindern*), en dehors du temps de l'école, donne lieu aux mêmes poursuites et est suivi des mêmes peines. Le curé ou le pasteur transmet de même au bourguemestre la liste des absences non justifiées.

Art. 15. En ce qui touche les pères et tuteurs qui ont déjà subi une peine sans devenir plus empressés, il peut être demandé tous les huit jours à l'instituteur des renseignements sur l'assiduité des enfants, et une peine proportionnée est prononcée.

Art. 16. Le landrath et les inspecteurs ecclésiastiques sont chargés de l'exécution de cette instruction.

Liste d'absences (*Versaümniszliste*).

NOM DE L'ENFANT.	PÈRE ou TUTEUR.		L'école n'a pas été fréquentée les jours marqués par une barre.								NOMBRE des absences.	REMARQUES du Maitre.	REMARQUES du Curé.	Excuses données.	JUGEMENTS du Bourguemestre.			Date du jugement par contumace.	DÉCISION du Landrath.	CONDAMNATIONS DÉFINIVIVES		
	Nom.	Adresse.	1	2	3	4	5	6	7	etc.					Acquittement.	Amende.	Emprisonnement.			à l'amende	à 1, etc., journées de prestation.	à la prison.

Quand un enfant est signalé comme n'ayant pas encore fréquenté l'école, le père, avant d'être poursuivi, reçoit un avertissement. Voici, par exemple, l'avertissement donné en pareil cas dans la Régence de Cologne :

« En exécution des ordres de cabinet du 14 mai 1825 et du 20 juin 1845, tous les enfants, depuis l'âge de six ans jusqu'à quatorze ans accomplis, lorsqu'ils ne reçoivent pas une éducation particulière, sont obligés de fréquenter une école. En conséquence, nous considérons comme un devoir de vous rappeler cette prescription impérative de la loi (*diese bindende gesetzliche Bestimmung*) ; et nous avons pleine confiance qu'envisageant avec des sentiments de gratitude le but bienfaisant de ce précepte, vous vous y soumettrez de bon gré. Vous avez trois jours pour donner à l'autorité compétente des explications à ce sujet ; mais nous ne vous laissons pas ignorer que la violation des prescriptions légales relatives à la fréquentation de l'école entraîne la peine de l'amende et de la prison.

. « *La Commission des écoles.*

« Cologne, etc. »

Dans une ordonnance de 1857, relative au travail des enfants en apprentissage et employés dans les manufactures, je remarque les dispositions suivantes :

« Les travailleurs qui n'ont pas encore été reçus à la sainte communion ne peuvent être employés pendant les heures fixées par les pasteurs pour l'instruction religieuse (art. 6).

« La présente ordonnance ne change rien à l'obligation de fréquenter l'école. Cependant, là où les enfants que l'âge assujettit à l'obligation légale doivent nécessairement être employés à des travaux, les Régences prendront les dispositions nécessaires pour que le choix des heures destinées à l'instruction n'entrave le travail que le moins possible.

« Toute infraction aux présentes dispositions sera punie, aux dépens des maîtres, par une amende de 1 à 5 thalers par enfant employé en dehors du temps prescrit (art. 9). »

L'avertissement qui suit est envoyé aux patrons par la faute desquels les enfants en apprentissage ont manqué l'école du soir :

« Le nommé...., qui travaille chez vous, et qui est soumis à l'obligation de fréquenter l'école du soir, a manqué plusieurs fois à ce devoir. Il a été constaté, par les réponses des parents, interrogés à ce sujet, que l'enfant n'avait pu cesser le travail aux heures prescrites. Nous sommes donc forcés de vous rappeler les prescriptions légales, aux termes desquelles aucun enfant soumis à l'obligation de l'école (*Kein schulpflichtiges Kind*) ne peut être retenu par le travail aux heures fixées officiellement pour l'école. Nous espérons que le présent avertissement suffira pour qu'il soit donné à l'enfant le temps réclamé par l'école.

« La Commission de l'École.

« Cologne, le .....»

Quand l'avertissement est demeuré sans effet, ou quand des absences sans causes connues sont constatées, citation est faite devant le commissaire de police des écoles (*Polizeischulkommissar*).

« Aux termes de l'instruction ministérielle du 18 mars 1845, le sieur .... se rendra devant le commissaire de police des écoles soussigné, le ...du présent mois, à ... heure, pour être interrogé au sujet du manque d'assiduité à l'école de son fils ..... ou de sa fille .... A défaut de comparaître, il sera condamné par contumace.

« Le Commissaire de police des Écoles.

« Le ..... 185 . »

NOTE E.

L'enseignement religieux est considéré à juste titre, au **delà** du Rhin, comme partie intégrante de l'enseignement scolaire. Il est obligatoire, au nom du même intérêt et sous la même sanction que l'enseignement général de l'école. Il n'est pas admis, en Allemagne, qu'il soit loisible à un père ou à un patron dont le fils ou l'apprenti suit les leçons de l'école de priver l'un ou l'autre de l'enseignement religieux de la communion à laquelle il appartient. Pas plus au premier qu'au second, on ne reconnaît droit de vie et de mort sur l'âme de l'enfant.

Ici encore, il faut citer.

En ce qui touche la Prusse, j'emprunte les documents qu'on va lire à la jurisprudence administrative de la province la plus voisine de la France, de la province du Rhin.

Instruction du Consistoire royal de la province du Rhin.

« Comme il arrive parfois que des enfants grandissent sans aucune instruction scolaire ni religieuse, en sorte qu'ils entrent dans la société civile sans avoir été *formellement* reçus dans la communauté chrétienne ; comme, d'ordinaire, des délits ou des crimes viennent révéler ces vices d'éducation, Sa Majesté le roi a recommandé, par ordre du cabinet du 18 juin de la présente année, aux autorités compétentes, qu'il soit pourvu à ce que des cas d'une telle négligence de l'instruction scolaire et religieuse ne puissent pas se renouveler.

« En faisant connaître la volonté royale, en exécution des ordres du ministre des affaires ecclésiastiques et de l'instruction publique, le Consistoire en relation avec les régences de la province rappelle aux ministres ecclésiastiques l'obligation de tenir rigoureusement la main à ce qu'aucun des enfants en âge de fréquenter l'école, dans leurs communes respectives, ne déserte l'instruction religieuse, et d'invoquer le secours de la loi auprès des autorités compétentes, lorsque, en cas de négligence, les parents, tuteurs, patrons ne céderaient pas à un avertissement.

Nous avons la confiance que les ministres ecclésiastiques veilleront avec d'autant plus de zèle à l'exécution des volontés vraiment paternelles de S. M. le roi, que leur responsabilité serait lourde devant Dieu et devant les autorités séculières, si par leur faute, et par suite de leur négligence à s'occuper de l'éducation, des enfants confiés à leur sollicitude pastorale grandissaient pour le crime........ »

Coblentz, 31 octobre 1832.

Circulaire de la Régence de Düsseldorf aux landrathe (sous-préfets).

« Des plaintes ont été élevées à l'occasion de peines infligées à des parents qui n'avaient pas envoyé aux instructions religieuses les enfants soumis à l'obligation de l'école.

« Ces plaintes ne sont pas fondées.

« L'instruction religieuse fait partie de l'instruction nécessaire à tout enfant.

« Le ministre de l'instruction publique et des affaires ecclésiastiques a tranché la question, en disant « que l'instruction religieuse, « qu'elle soit donnée dans l'école, ou dans la maison du curé, ou « dans l'église, les dimanches ou les jours de la semaine, par les « ministres du culte, doit être considérée comme partie intégrante de « l'enseignement de l'école ; et que, dans le cas où les avertisse- « ments du curé ou du pasteur à l'effet d'assurer la participation ré- « gulière des enfants à cette instruction, demeureront sans résultats, « on doit recourir aux voies de contrainte légale. »

« Nous vous recommandons de porter cette décision à la connaissance de tous les bourguemestres de votre cercle. »

« *La Régence royale.*

« Düsseldorf, 4 mars 1834. »

Pour confirmer cette législation, l'ordre de cabinet du 20 juin 1855, porte ces mots (art. 4) :

« Les prescriptions ci-dessus rappelées (voies de contrainte légale) s'appliquent aux cas où des enfants soumis à l'obligation de l'école négligeraient l'instruction religieuse donnée par les ministres du culte. »

Et l'art. 14 de l'instruction ministérielle du 18 mars 1845, est ainsi conçu :

« Le défaut d'assistance aux instructions religieuses que dispensent les ministres du culte, aux enfants soumis à l'obligation de l'école, en dehors du temps de l'école, donne lieu aux mêmes poursuites et est puni des mêmes peines. »

SAXE. — « Les autorités compétentes doivent veiller à ce que ceux qui sont responsables des enfants remplissent leur devoir en ce qui concerne l'instruction religieuse, et, le cas échéant, employer les moyens de contrainte. (*Gesetz das elementar Volkschulw. betr.*, 6 juin 1855, art. 5.)

Nous ne ferions que nous répéter en analysant à ce point de vue les législations des autres États. On trouvera, dans notre ouvrage sur l'Allemagne, un curieux *édit* du président de la province prussienne de Silésie (29 juin 1852), édit adressé aux catholiques comme aux protestants.

NOTE F.

Règlement concernant les absences de l'école [1] (grand-duché de Bade).

Tout les huit jours, l'instituteur remet à l'inspecteur local la liste des enfants qui, sans en avoir obtenu l'autorisation préalable, ou sans avoir justifié d'une excuse légitime, se sont absentés de l'école. Il spécifie les jours où ont eu lieu ces absences.

— L'inspecteur local, après avoir pris connaissance des excuses alléguées, remet la liste au bourguemestre ; celui-ci condamne les parents, ou ceux qui sont responsables des enfants, à une amende de 2 à 12 kreuzer par chaque jour d'absence.

— Le bourguemestre fait percevoir cette amende par un agent de l'autorité municipale. Selon la décision du *schulvorstand*, cette amende est versée dans la caisse des pauvres, ou destinée à l'achat des objets d'école nécessaires aux enfants indigents.

— En cas de récidive d'absence non justifiée, le bourguemestre prononce contre les parents ou ceux qui sont responsables de l'enfant, aux termes de l'édit du 15 mai 1803, un emprisonnement de 4 à 24 heures.

(1) *Landesherrliche Verordnung* du 15 mai 1834.

TABLE DES MATIÈRES.

CONCLUSION.

Pages.

APPENDICE.

Paris.—Imprimerie d'E. Duverger, rue de Verneuil, 6.